INSTRUCTION RÉPUBLICAINE ·

LA FIN DES RÉVOLUTIONS

PAR

LA RÉPUBLIQUE

Par HIPPOLYTE MAZE

Ancien préfet des Landes.

PARIS

SOCIÉTÉ DU PATRIOTE, rue Saint-Jacques, 161
LE CHEVALIER, éditeur, 61, rue de Richelieu
GERMER-BAILLIÈRE, 17, rue de l'École-de-Médecine
LIBRAIRIE DE LA BIBLIOTHÈQUE DÉMOCRATIQUE
Place des Victoires, nᵒ 9.

1874

TABLE DES CHAPITRES

I

PLUS DE RÉVOLUTIONS!

Il n'y a ni prospérité durable, ni progrès réel, ni vraie grandeur pour un pays qui, tous les quinze ou vingt ans, subit une nouvelle révolution : la France en est là pourtant; lassée, meurtrie, doit-elle voir un terme à ses épreuves? Il faut qu'elle meure ou qu'elle trouve enfin le calme, la sécurité, ces premiers des biens. Nous avons foi dans son avenir; mais sous quelle forme de gouvernement cet avenir se déroulera-t-il? Aujourd'hui, la République existe en fait; devons-nous revenir à la monarchie?

II

LA MONARCHIE A DÉTERMINÉ, DEPUIS UN SIÈCLE, TOUTES NOS RÉVOLUTIONS.

Revenir à la monarchie, c'est bientôt dit; mais tout homme de bonne foi demandera de suite quelle monarchie nous offrirait des garanties suffisantes. Nous avons vu tomber tour à tour la dynastie des Bourbons, celle des Bonaparte, celle des d'Orléans, et l'histoire nous montre que si aucune d'elles n'a réussi à fonder un ordre de choses définitif, c'est que les souverains avaient préparé, occasionné leur chute.

Quand nos pères, en 1789, réclamaient les réformes fondamentales dont nous jouissons aujourd'hui, songeaient-ils à rompre avec les traditions monarchiques de la France? En aucune façon. Les cahiers des États-Généraux sont là pour l'attester. Ce furent les intrigues et les résistances de la Cour, sa connivence avec l'étranger, les faiblesses du roi qui irritèrent les esprits et déterminèrent, en 1792, la proclamation de la République, à laquelle personne ne songeait quatre ans auparavant.

Comment fut détruit le premier empire? L'égoïsme de Napoléon surpassait encore son génie; cet homme pouvait mériter à jamais la reconnaissance de la postérité; il avait l'autorité et le prestige nécessaires pour ouvrir à ses concitoyens une ère nouvelle de calme et de prospérité dans la liberté; il borna son rôle à mêler, de la façon la plus bizarre et la plus hypocrite, des éléments discordants pour refaire, à on profit, une monarchie bâtarde; il fatigua la France, l'Europe, le monde, par son despotisme, sa politique de violences et de conquêtes, ses attentats contre tout ce qu'il y a de sacré ici-bas. Il avait trouvé notre pays agrandi, respecté sous la République; il le laissa envahi, plus petit qu'au xviie siècle, dépeuplé, ruiné par dix ans de guerre; son ambition sans frein et son génie autoritaire le perdirent après nous avoir fait, au dedans comme au dehors, un mal immense.

La monarchie « légitime, » restaurée en 1814, fut-elle plus prudente qu'autrefois? Par son aveuglement, par sa prétention de reconstituer l'ancien régime, elle rendit possible la folle tentative des Cent-

Jours; elle prit une lourde part de responsabilit
dans les douloureux événements de cette période e
les traités de 1815.

L'accord sembla un moment rétabli entre le
Bourbons et la nation ; s'il fut de nouveau troublé
c'est que le gouvernement sembla prendre plaisi
à irriter le pays ; c'est que Charles X, violan
ses serments, rompit le pacte grâce auquel sa famill
avait été rétablie sur le trône. Les journées de 183
ne furent qu'une réponse à l'insolent défi d
roi.

On disait un jour à la Chambre que la révolutio
de 1848 avait été une surprise. Un député de
Landes, Frédéric Bastiat, répondit : « Il est possibl
« que le fait extérieur soit le résultat d'un acciden
« qui aurait été arrêté....., ou du moins retardé
« mais les causes générales ne sont pas du tout foi
« tuites..... Une brise, en passant, fait tomber u
« fruit... Si on avait pu empêcher la brise de passe
« le fruit ne serait pas tombé. Oui, mais à une con
« dition, c'est que le fruit n'eût pas été pourri
« rongé (1). » Bastiat avait raison, au fond, dans
sévérité de jugement; le fruit était rongé en plu
d'un sens; surtout l'aveugle résistance du Gouve

(1) Discours du 12 décembre 1849 à l'Assemblée nationale.

nement de juillet à de justes demandes, aux revendications les plus légitimes, devait avoir, tôt ou tard, de fatales conséquences.

Que dire du 4 septembre 1870? Jamais le renversement d'un pouvoir établi s'expliqua-t-il mieux par les fautes de ce pouvoir? Le mot de renversement est même ici absolument inexact. Le second empire n'a point été renversé; il s'est écroulé, c'est encore trop dire, il s'est écoulé. Après le Mexique, après le plébiscite, après la guerre de Prusse, après Sedan, l'indignation publique ne permettait pas que nos destinées fussent plus longtemps le jouet d'un gouverment imprévoyant, égoïste, corrompu, faisant passer des intérêts dynastiques avant ceux du pays, finissant par se déshonorer même sur les champs de bataille et par livrer la France à l'étranger, après avoir commencé par les crimes de décembre, donné tous les scandales et faussé pendant vingt ans le suffrage universel.

Donc, si depuis un siècle nous avons vu disparaître quatre ou cinq monarchies, ce sont les gouvernements eux-mêmes qui ont provoqué ces bouleversements périodiques. On parle trop du génie révolutionnaire de la France; tant de déplorables secousses n'ont été déterminées que par les fautes, l'incurie, l'aveuglement des rois et des empereurs

La science moderne dit : « L'homme ne meurt pas,
il se tue. ». On peut répondre aux Bourbons, aux
Bonaparte , aux d'Orléans, quand ils nous taxent
d'inconstance et d'ingratitude : « N'accusez pas la
« France ! ce n'est pas elle qui vous a arraché le
« sceptre; c'est vous qui, de vos propres mains, avez
« brisé votre trône, entraînant dans la catastrophe
« cette nation généreuse et crédule qui avait fait
« ou même, hélas! renouvelé avec vous de trop
« cruelles expériences. »

III

COMMENT ONT FINI LES DEUX PREMIÈRES RÉPUBLIQUES.

On dira peut-être : « Oui, la monarchie n'a pas
« su nous mettre à l'abri des révolutions; mais la
« République nous y a-t-elle donc mis davantage?
« Elle a duré moins encore que les monarchies;
« elle a été détruite comme elles et plus tôt
« qu'elles. » Cette réponse n'est que spécieuse. Sans
doute, la République a succombé, mais comment?
Est-ce en provoquant de grandes commotions na-
tionales comme celles de 1792, de 1830, de 1848, de
1870? Combattue par toutes les ambitions dynastiques, en butte aux calomnies les plus odieuses, elle
a été la victime d'attentats que tous les honnêtes
gens jugent de même. On a essayé d'expliquer le
18 Brumaire et le 2 Décembre; on n'a pas réussi à
les justifier; en 1851 comme en 1799, ce n'est pas la
na ion qui a fait une révolution; c'est un conspira-

teur audacieux et parjure qui a violé les lois à son profit personnel. Ajoutez qu'à ces deux époques la République a été immolée au moment où elle avait triomphé des plus graves difficultés, réparé les fautes inséparables des circonstances parmi lesquelles elles s'était constituée et des débuts de tout gouvernement.

Quand Bonaparte fit disperser la représentation nationale et substitua la volonté d'un homme, d'un homme seul à celle de la France, transformée en un régiment (1), la République avait repoussé l'étranger, reculé nos frontières, rétabli l'ordre à l'intérieur; ce régime, que ni l'invasion européenne, ni la plus terrible guerre civile, ni la Terreur, amenée par toutes deux, n'avaient pu tuer, ce fut sous des baïonnettes françaises qu'il succomba, quand, sortie vivante et victorieuse de tant d'épreuves, la patrie voyait se fermer ses plaies.

La période qui s'étend de 1848 à 1851 avait été l'une des plus fécondes de notre histoire en réformes politiques et sociales, en progrès de tous genres; on en avait fini avec les émeutes, sévèrement réprimées lorsqu'elles s'étaient produites. Tranquilles en face des complots organisés par les

____

(1) Mignet, *Révolution française.*

monarchistes, les Républicains ne faillirent que par excès de confiance dans la loyauté de leurs adversaires; toutes les armes furent employées contre eux. La provocation à une lutte, hélas! trop inégale, vint de celui qui était chargé de faire respecter la constitution et qui la foula aux pieds. Quelle analogie sérieuse pourrait-on établir entre de tels coups d'État et nos autres révolutions ?

IV

LA RÉPUBLIQUE DE 1870.

Éclairée par les désastreuses conséquences des attentats de Brumaire et de Décembre, par les cruelle
leçons de 1815 et 1870, la France ne permettra pa
que la troisième République soit sacrifiée, comm
les deux premières, à un homme, quel que soit ce
homme. Un concours de circonstances inouies nou
a rendu « la forme naturelle d'un gouvernemen
normal » (1) ; pourquoi y renoncer?

Qu'on argumente tant qu'on voudra sur le pact
de Bordeaux, qu'on le veuille ou non, nous somme
en République; le chef de l'État s'appelle le Prési
dent de la République française; c'est au nom de l
République que les lois sont rendues; c'est pour l

(1) *Paix et Liberté* (Paris, Guillaumin, 1849), par Frédér
Bastiat.

République que le clergé invoque Dieu solennellement dans les églises. On ne saurait détruire ce pré-
tendu « provisoire » sans une révolution, encore une
révolution. Qui donc oserait en prendre la respon-
sabilité devant le pays et devant l'étranger? Quel
pouvoir aurait rendu, depuis deux ans, plus de
services que cette République, tant injuriée, tant
incriminée?

Elle n'a pas reculé devant l'effroyable tâche que lui
léguaient les fautes de l'empire. Après Sedan, d'une
main ferme, elle a relevé le drapeau national ; c'est
son premier titre de gloire ; même après Metz, elle
n'a pas désespéré de la Patrie ; elle a étonné nos ennemis et l'Europe; qu'on se rappelle les bulletins du
Times après Coulmiers! Elle a sauvé notre honneur
en poussant la résistance jusqu'aux dernières li-
mites; on aura beau tourner en ridicule ses régi-
ments improvisés, ses mobiles et ses mobilisés; à de
rares exceptions près, ils ont fait tout ce dont
étaient capables des conscrits en face de troupes
aguerries. Pendant la guerre, l'ordre a été maintenu
sans violences, malgré les agitations des partis.
Depuis, la République a comprimé l'insurrection la
plus formidable dont notre histoire fasse mention ;
elle a rétabli le crédit matériel et moral de la France
dans des proportions véritablement inouïes au len-

demain de tels désastres ; grâce à elle, notre sol a été
débarrassé en partie de l'étranger, et le sera bientô
complétement. Qu'ils lui jettent la première pierre
ceux qui auraient mieux fait à sa place !

La République ne pouvait signer la paix ni aprè
Sedan, ni après Metz ; elle n'eût fait que se déshonorer, et le pays n'aurait point accepté sitôt le
tristes conditions auxquelles il dut se résigner dan
la suite. On croyait généralement, après la chute d
l'empire, à la possibilité d'une défense sérieuse
d'une revanche au moins sur le sol national. Sans
cette croyance, quelle eût été la force du gouvernement du 4 septembre? Si ce gouvernement a été
acclamé, obéi, respecté, quoiqu'il n'eût reçu aucune
sanction légale, c'est qu'on avait foi dans l'issue de la
lutte sous sa direction; ceux qui avaient donné à leu
œuvre ce beau nom, le nom unique de Défense nationale furent conséquents avec eux-mêmes, en res-
tant fidèles jusqu'à la fin à leur mission. La tâche di-
plomatique qui incomba plus tard à M. Thiers étai
immense; on sait comment elle a été remplie; tous
les partis sont d'accord à cet égard. Voilà pour le
dehors. Quant au dedans, si la Commune eût trouvé
en face d'elle un autre gouvernement que celui de la
République, elle aurait étendu sur le territoire entier
les plus dangereuses ramifications; elle aurait pu

trouver de nombreux alliés, à ses débuts du moins,
quand on ne pouvait encore pressentir les crimes dont
elle se souilla plus tard, quand on la disait constituée
uniquement pour résister aux intrigues monarchiques. Le gouvernement légal établi à Versailles le
sentit si bien, qu'il proclama sa ferme intention de
respecter la République comme un dépôt sacré confié
à sa garde; il autorisa ses représentants à déclarer
qu'on le calomniait(1) quand on l'accusait de pactiser

(1) Le 24 mars 1871, nous recevions de M. Ernest Picard, ministre de l'intérieur, une lettre spéciale de félicita tions pour
notre proclamation au département des Landes ; on lisait dans
cette proclamation, datée du 21 mars :

« Le Gouvernement a déclaré solennellement qu'il enten-
« dait maintenir, qu'il consacrerait tous ses efforts à fonder la
« République ; ceux qui l'accusent de préparer des coups d'État
« à la façon des Bonaparte le calomnient et l'insultent, pour se
« couvrir d'un prétexte en l'attaquant ; ils auront contre eux le
« pays tout entier, qui n'entend point pactiser avec l'émeute, et
« qui demande à l'autorité légale de maintenir, au besoin, son
« droit par la force ; ayons confiance! La République a survécu
« à la guerre étrangère ; elle survivra à d'odieuses tentatives de
« guerre civile qu'elle saura comprimer ; quelques agitateurs,
« quelques doctrinaires du désordre, lie de la capitale, élément
« inévitable, hélas! des grands centres de population, ne réussi-
« ront pas à troubler l'œuvre de réorganisation d'où sortiront,
« avec l'aide de Dieu, des institutions libres, une rénovation
« morale trois fois nécessaire et la résurrection de la Patrie! »

avec des conspirateurs quels qu'ils fussent ; jamais rois ni empereurs n'eussent triomphé de la Commune ; par son existence seule, une autorité monarchique quelconque eût fourni de nouvelles armes à la capitale révoltée, et des arguments irrésistibles à ceux qui voyaient comme à ceux qui feignaient de voir dans les Parisiens les soutiens de la République ; on eût soulevé, plus aisément qu'on ne le croit aujourd'hui, l'opinion en faveur de la capitale qui avait alors tout le prestige de son héroïque défense. Tenter de détruire la République, c'eût été donner le signal d'une guerre civile générale, effroyable, très-certainement suivie d'une seconde invasion ; c'eût été décréter la ruine, la mort du pays ! Voilà ce que la prudence, le patriotisme, la fermeté du gouvernement présidé par M. Thiers ont empêché ; nous lui en devons une profonde reconnaissance. Libre à quelques ingrats d'oublier ; la France se souviendra par qui et comment elle a été sauvée.

V

ORDRE, STABILITÉ ET PROGRÈS PAR LA RÉPUBLIQUE.

Le grand exemple donné en 1871 et l'expérience faite pendant deux années si difficiles à traverser prouvent jusqu'à l'évidence que la République, bien loin d'être, comme le disent ses adversaires, la négation de l'ordre, en est, au contraire, l'affirmation la plus éclatante. Ajoutons qu'aucun gouvernement n'a été, ne sera plus capable de comprimer toute tentative de rébellion, toute agitation factieuse, tout manque de respect à la loi. Pourquoi ? parce que jamais l'intérêt dynastique n'apparaîtra derrière les mesures, même rigoureuses, que la République croira devoir prendre ; parce que jamais on ne pourra entrevoir un dessein personnel sous une résolution prise par le gouvernement. En France, sous la monarchie, la répression des troubles, du désordre, par quelque procédé que ce fût, revêtait invariablement, aux yeux du public, tout au moins d'un certain public, l'apparence d'une vengeance personnelle; quel journaliste, condamné sur le réquisitoire d'un simple procureur, ne s'en prenait, avec toute la presse de l'opposition, au souverain? Combien d'agitateurs poursuivis sur les ordres d'un préfet ou d'un ministre, frappés dans la lutte, emprisonnés, élevaient aussitôt leur haine jusqu'au chef de l'État, en arrivaient à rêver une révolution! Sous la République, en sera-t-il ainsi pour un Président? Les circonstances ont donné à M. Thiers des pouvoirs beaucoup plus étendus que ne seront certainement ceux de ses successeurs; est-ce lui cependant qu'on accuse des condamnations politiques prononcées chaque jour? Son autorité est en dehors et au-dessus de tout soupçon; à plus forte raison, le sera celle des futurs Présidents, qui interviendront de moins en moins dans les détails; on se persuadera plus aisément qu'un simple citoyen, délégué temporaire et responsable du pays, représenté, défend uniquement l'intérêt général. Ainsi la République garantira au pouvoir, pour faire respecter la loi, plus d'autorité morale et, par conséquent, au besoin, plus de force matérielle que n'en eurent jamais les rois et les empereurs les plus puissants en apparence.

Ce ne serait pas assez de maintenir l'ordre ; il faut assurer la stabilité, et, en France, la République seule peut l'assurer aujourd'hui.

Tant de révolutions ont détruit la foi dans la monarchie traditionnel e. Cette foi avait eu son utilité, sa grandeur ; elle a disparu, déracinée par les rois eux-mêmes ; l'attachement aux familles princières, anciennes ou récentes, n'existe plus guère qu'à l'état d'exception, et la plupart des Français se sont désintéressés des questions dynastiques. Uniquement soucieux de confier aux plus capables, aux plus dignes la direction de leurs affaires, ils sont fréquemment amenés, par les fautes des gouvernants comme par la mobilité naturelle de leur caractère, à désirer des changements de personnes. Ces changements ne s'accomplissaient, sous la monarchie, qu'avec de grandes difficultés et la plupart du temps sans modifier réellement la situation ; nos gouvernements s'incarnaient régulièrement et malheureusement dans le souverain ; les ministres passaient ; au fond, rien n'était changé, et, pour en finir, il fallait une révolution. Seule, la République nous donnera, sans troubles, des satisfactions sérieuses et suffisantes. Son principe fondamental, c'est l'élection à tous les degrés, l'élection fréquemment renouvelée ; le pays saura qu'à des époques déterminées il pourra,

sans autres armes que des bulletins de vote, mainter
ou renverser son premier mandataire tout comme l
autres. Cette certitude, en même temps qu'elle se
pour le pouvoir un constant et salutaire averti
sement, contribuera singulièrement à calmer l
esprits; il est même probable qu'elle nous rend
plus enclins à ménager et à laisser en fonctio
ceux qu'il serait si facile de congédier; de l'instab
lité apparente des institutions républicaines sorti
donc la véritable stabilité, celle qui repose sur l'a
sentiment public; et qu'on ne craigne rien po
l'unité, pour la grandeur de notre politique; le go
vernement républicain sera purement et simpleme
une émanation de la représentation nationale.
l'esprit et le génie de la France n'étaient pas da
ses assemblées librement élues, où donc se retro
veraient-ils?

V

LA RÉPUBLIQUE NE MENACE AUCUN DES GRANDS INTÉRÊTS SOCIAUX.

La République assure l'ordre et la stabilité; menace-t-elle les croyances religieuses, la famille, la propriété?

Les Républicains n'ignorent pas que les gouvernements doivent tenir compte et grand compte des croyances religieuses; mais ils ne seraient pas seulement les plus impolitiques, ils seraient les plus coupables des hommes s'ils inquiétaient, à quelque degré que ce fût, ces croyances. Dans tous les pays, dans tous les temps, ils ont défendu la liberté de conscience, et, maîtres du pouvoir, ils deviendraient persécuteurs à leur tour! Des préventions aveugles pourraient seules inspirer de telles craintes. On cite les mauvais jours de 1793; faut-il rappeler comment ils ont été amenés? Les véritables auteurs des violences ne sont pas toujours ceux qui les commettent; du reste, jugera-t-on le catholicisme par la Saint-Barthélemy et les Dragonnades? Est-ce que le clergé s'est si mal trouvé d'avoir béni les arbres de la liberté en 1848? Les églises, les temples sont-ils moins fréquentés depuis 1870? J'entends dire que les grandes épreuves de ces derniers temps ont fortifié et comme rajeuni la foi dans un certain nombre d'âmes; nous ne prétendons pas qu'on en fasse honneur à la République, mais, du moins, qu'on veuille bien ne pas attribuer à ce gouvernement des projets, des intentions qu'il répudie hautement. Surtout, qu'on n'affecte pas de le confondre avec la Commune parisienne; qu'on ne la rende pas responsable des attentats commis dans la capitale en 1871 ; qu'on ne lui reproche pas la violation des édifices sacrés, l'assassinat des ôtages; ce sont là d'odieuses calomnies ; la République n'a rien de commun avec les auteurs de tels crimes; c'est elle qui leur a fait une guerre impitoyable, les a vaincus et châtiés.

Ah! sans doute, la République n'est pas seulement respectueuse de tel ou tel culte; elle l'est de tous; mais c'est qu'elle voit dans tous, sous des formes différentes, un hommage rendu au principe supérieur, éternel, devant lequel les générations humaines ne cessent de s'incliner. Les gouvernants ne sont pas des théologiens; ils n'ont pas mission de décider entre la vérité religieuse et l'erreur; leur devoir se borne à assurer, dans la plus large mesure, le libre exercice des cultes; la République n'y faillira pas.

L'on dit que certaines fractions du clergé catholique s'effraient d'une doctrine, encore mal définie du reste, qu'on appelle la séparation de l'Église et de l'État; mais cette doctrine compte des partisans dans les camps monarchiques comme dans les autres, parmi les croyants comme parmi les philosophes; que nous adoptions telle ou telle forme de gouvernement, le problème n'en restera pas moins posé; qu'on ne s'en prenne donc point spécialement aux Républicains! Les croyances religieuses ont survécu à l'établissement de la liberté de conscience que le clergé considérait comme si redoutable et qu'il avait si longtemps combattue; la séparation des Églises et de l'État ne leur serait pas plus fatale; d'éminents esprits estiment même qu'elles en recevraient une force nouvelle.

La République n'est pas plus hostile à la famille ou à la propriété qu'à la religion. Qu'il y ait eu, qu'il y ait encore, parmi les Républicains, des rêveurs, des sectaires cherchant à constituer la société sur des bases nouvelles ou même à la boule-

verser, cela est possible; mais ces rêveurs et ces sectaires, combien sont-ils? Se sont-ils rencontrés, d'ailleurs, seulement dans les rangs des Républicains? Les Saint-Simoniens, par exemple, appartenaient-ils tous à ce parti? Pris en masse, les Républicains sont, comme les monarchistes, des pères de famille, des propriétaires, d'honnêtes travailleurs intéressés au maintien de l'ordre social. Songez qu'ils forment aujourd'hui, non une coterie, mais une portion considérable de la nation, et qu'ils seront tout à l'heure la France elle-même. A qui persuadera-t-on qu'une école politique, sans respect pour des principes aussi fondamentaux, recruterait chaque jour des adeptes dans toutes les classes de la société? Comment les conservateurs des nuances les plus diverses lui apporteraient-ils leur adhésion? Croit-on notre pays peuplé de fous ou de coquins? Hier encore, un homme qui semblait à jamais rattaché à la monarchie par d'honorables traditions et par son propre passé, M. Casimir Perier déclarait qu'il avait été « conduit à se prononcer nettement et sans ar-
« rière-pensée pour la forme républicaine, la seule
« qui lui parût aujourd'hui destinée à préserver la
« France d'une crise anarchique (1). » Cet éclatant

(1) Lettre au *Journal des Débats*, du 14 septembre 1872.

aveu, ceux que **M. Thiers** lui-même a faits tant dans les conversations particulières qu'à la tribune, voilà des réponses éclatantes à d'injustes attaques : elles snffiront aux honnêtes gens sans préventions.

VII

LA RÉPUBLIQUE ET L'EUROPE.

A bout d'arguments, les ennemis de la République disent : « Jamais ce gouvernement ne pourra s'établir en France et durer, parce que l'Europe ne le permettra pas. »

Une telle assertion est aussi injurieuse qu'inexacte. Eh quoi ! en sommes-nous réduits à consulter nos voisins, même sur ces questions d'organisation intérieure ? Vaincus et dépouillés par l'Allemagne, grâce à l'incurie de l'empire, faudra-t-il encore accepter le souverain choisi à Berlin ? Déclarons tout de suite que la France est une seconde Pologne ! On a trop exalté naguère notre orgueil national ; on le rabaisse trop aujourd'hui ; il s'écoulera encore bien des siècles avant qu'on puisse faire si bon marché des aspirations, de la volonté, des droits de la France; quand une nation donne les preuves de vitalité que celle-là vient de fournir, on peut être tranquille sur son avenir. Certes, si nous prenions à tâche d'irriter, de provoquer les puissances voisines, nous constituerions fort aisément contre nous une coalition bien redoutable; il faut, dans le concert européen de l'accord, de l'entente; mais de quoi s'agit-il, en définitive? Nous demandons à organiser un gouvernement libre sans doute, mais calme, régulier, définitif; l'Europe n'y est pas moins intéressée que la France. Au fond, que désire-t-elle pour notre pays? ce que nous désirons nous-mêmes : la fin des révolutions.

Si la République est seule capable de clore l'ère de nos bouleversements, non-seulement elle ne sera pas inquiétée par les puissances, mais elle sera acceptée avec reconnaissance. C'est une épreuve à enter et jusqu'ici elle ne semble pas si mal réussir; l'Angleterre a plusieurs fois déclaré qu'elle voyait avec sympathie nos efforts pour consolider le gouvernement actuel; elle vient de choisir le Président de la République française pour arbitre sans appel dans sa querelle avec le Portugal; il y a quelques semaines, au milieu de ces fêtes prussiennes dont on avait fait tant de bruit, à Berlin même, le czar et l'empereur d'Autriche donnaient, une fois de plus, à notre ambassadeur, l'assurance de leur bon vouloir; il y aurait imprudence, sans doute, à spéculer sur ce bon vouloir, à s'en exagérer l'étendue, mais enfin il existe; quant à la Prusse, dans l'enivrement de ses triomphes, elle n'a pas craint de traiter avec notre jeune République, d'accepter sa parole, et ses milliards lui paraissent semble-t-il, aussi valables que ceux de la monarchie. Laissons d'ailleurs l'avenir se dérouler; l'Allemagne, la Russie, l'Autriche, sans parler de l'Angleterre, sont d'accord sur peu de questions; le czar peut-il voir sans inquiétude l'empire prussien prendre de si vastes proportions? Comment François Joseph oublierait-il Sadowa? Tous deux se garderont bien d'empêcher la reconstitution pacifique de la France.

Si nous gardons chance, et nous le croyons, de reprendre une grande place dans le monde, ce sera grâce au maintien de la République. Comme monarchie, la France viendrait aujourd'hui au quatrième ou cinquième rang; de plus, une dynastie quelconque ne pourrait monter sur le trône sans chercher un titre ou un prestige dans une guerre de revanche, et son rétablissement, loin de nous rendre la bienveillance des têtes couronnées, éveillerait forcément, fatalement, contre notre pays les défiances de l'étranger

(1); comme République, la France tiendra fixés
elle, avec un profond intérêt, les regards des
ples. Qu'elle reste sage et libre; elle deviendra
r le monde un salutaire et fécond exemple; enfin,
achèvera de cimenter son union, si grave pour
enir, avec la République américaine, qui se sou-
t de Lafayette et qui tend à sa sœur cadette, à
vers les mers, une main amie.

) Voir les excellents articles publiés en octobre par le *Temps*
ce sujet.

VIII

NÉCESSITÉ DE LA RÉPUBLIQUE EN FRANCE.

Nous avons montré que la République offrait a
conservateurs autant et plus de garanties que la m
narchie ; mais, en vérité, nous devons nous félici
qu'il en soit ainsi, car la République est aujourd'
nécessaire en France. Elle l'est d'abord parce q
les partisans de la monarchie n'ont pas même
s'entendre sur le choix d'un roi et qu'ils restent cc
vaincus d'impuissance.

En février 1871, s'est réunie, au milieu des c
constances les plus extraordinaires qu'on pui
imaginer, une assemblée dont les tendances mon
chiques ne faisaient doute pour personne. Pourq
cette assemblée n'a-t-elle pu passer de la théorie

pratique ? C'est que les membres d'une majorité, d'apparence fort compacte, n'étaient pas d'accord en réalité. Les uns revendiquaient le trône pour « l'héritier légitime de nos rois; » les autres pour un d'Orléans; d'autres encore pour un Bonaparte. Les divisions ne s'arrêtaient même pas là; le parti orléaniste offrait deux prétendants : M. le duc d'Aumale et M. le comte de Paris, qui ne désavouaient ni l'un ni l'autre leurs amis; le parti bonapartiste était plus fécond encore en solutions également avantageuses sans doute; plusieurs tenaient pour l'homme de Décembre et de Sedan; l'idée d'une régence avec l'ex-impératrice était goûtée de quelques uns; on escomptait jusqu'aux chances du héros de Crimée et d'Italie; c'était la confusion des langues, une véritable Babel, et l'état des choses ne s'est pas modifié depuis. Tout récemment, au sein de la commission de permanence, M. Thiers jetait aux monarchistes cette véhémente apostrophe : « Vous avez des pré« tendants! montrez-les! je défie qui que ce soit « de venir dire qu'un gouvernement autre que « celui de la République est désormais possible « en France! » Et le pays applaudissait. Le spectacle de misérables et interminables dissensions entre es monarchistes n'a pu que profiter à la Répu-blique; l'on a généralement accepté la seule solution

qui excluait du même coup toutes les dynastie
et toutes les chances de guerre civile.

Mais quand même les monarchistes auraient réus
à se mettre d'accord, la République n'en demeure
rait pas moins le gouvernement nécessaire. Nou
avons adopté en 1848, comme base fondamentale d
nos institutions, un principe qu'on a pu fausser, dor
on peut vouloir modifier les applications, mais qu'o
ne fera pas disparaître : le suffrage universel. Avec
suffrage universel, l'hérédité dynastique n'est qu'u
vain mot; nous ne saurions plus lier indéfiniment
pays à telle ou telle famille princière, même
tel ou tel homme; nos enfants détruiraient tro
aisément notre œuvre; nous n'avons le choix qu'ent
la République et une monarchie élective, véritab
monstre politique auquel les leçons de l'histoi
et le plus simple bon sens interdisent de songe
la forme républicaine s'impose donc moralement
nous comme la seule conséquence logique du su
frage universel.

Est-ce un si grand malheur que de nous trouv
réduits à adopter le plus économe des gouvern
ments, le plus facile à contrôler, le plus conforme
la dignité humaine, le plus compatible avec
progrès calme, régulier, constant, le seul enfin do
nous n'ayons jamais sérieusement essayé? Je rappel

encore ici la noble lettre qu'écrivait récemment
M. Casimir Périer: (1) « Dans le cours d'un siècle
« presque entier de révolutions successives, toutes
« les formes de gouvernement ont été essayées tour
« à tour, sauf une seule, celle d'une République ré-
« gulière, loyalement acceptée de la majorité de la
« nation, servie sans prévention d'une part, sans fai-
« blesse de l'autre. C'est une épreuve qui nous reste
« à faire... »

Honnêtes gens de tous les partis, hommes de bon
sens et de bonne foi, bien des questions vous divi-
sent; sur une seule peut-être vous êtes d'accord;
vous ne voulez plus de révolutions! Vous connaissez le
mot amer et profond de lord Brougham, un adversaire
digne d'être écouté: « Heureusement que la France
« fait une révolution tous les quinze ans; sans quoi
« elle serait la première nation du monde. » Pour la
patrie si troublée, si tourmentée depuis un siècle,
pour la société, pour vos enfants, vous demandez la
paix intérieure, un avenir tranquille et sûr. Toutes
les familles princières vous ont promis la sécurité,
aucune ne vous l'a donnée.

Ramenés à la République par la force des choses,

(1) Lettre au *Journal des Débats*, du 14 septembre 1872, déjà
citée.

irez-vous reprendre un de ces fétiches légitimes ou
illégitimes dont vous avez dû vous débarrasser cinq
ou six fois en quatre-vingts ans? Ah! quand vous songez aux horreurs de l'invasion, à ces deux provinces
perdues, à cette rançon de cinq milliards, pouvez-
vous ne pas regretter la destruction de la République en 1851? Pouvez-vous ne pas vous écrier
comme le faisait, dès 1849, Frédéric Bastiat: « Nou
« sommes en République; restons-y; restons-y
« puisqu'elle reviendrait tôt ou tard; restons-y puis
« qu'en sortir ce serait rouvrir l'ère des bouleverse
« ments et des guerres civiles? » (1) Croyons-en c
savant et ce sage, croyons-en tant d'éminents con-
vertis, croyons-en surtout l'illustre vieillard qui
après avoir passé sa vie au service des monarchies
termine sa carrière politique en devenant notr
Washington! Formons la coalition des intérêts bie
entendus; donnons-nous la main, non pour détruire
mais pour conserver et améliorer ce qui existe, pou
fonder un gouvernement honnête, laborieux, libr
et stable, qui fasse une large place à l'initiative indi
viduelle sans en laisser au désordre, qui respecte le
scrupules honorables, mais qui appelle à lui tous le
enfants de la France, qui assure le progrès pacifiqu

(1) *Paix et Liberté.* Paris. Guillaumin. 1849.

en garantissant les grands intérêts sociaux; con-
sacrons nos forces à l'accomplissement d'une œuvre
si digne de nous tenter; il nous sera bientôt donné
de consoler et de relever la patrie.

894. — Imp. Moderne, Barthier dr, rue J.-J.-Rousseau, 61.

BROCHURES D'INSTRUCTION RÉPUBLICAINE
à 15 centimes.

EN VENTE :

1. **L'Instruction républicaine**, par Jules BARNI, député, ancien inspecteur général de l'instruction publique (2e édition).
2. **Les Paysans avant 89**, par Eug. BONNEMÈRE, publiciste, auteur de l'*Histoire des Paysans* (3e éd.).
3. **La République c'est l'ordre**, par D. ORDINAIRE, publiciste, 4e édition.
4. **La Question militaire et la République**, par Raymond FRANC.
5. **Ce que disent les Bonapartistes**, par A. HENRYOT, avocat à la Cour d'appel de Paris.
6. **La Vérité sur le Deux-Décembre**, par Georges LASSEZ.
7. **Les Paysans après 1789**, par Eugène BONNEMÈRE, publiciste
8. **La Liberté organisée**, par Léon JOURNAULT, député de Seine-et-Oise.
9. **Les Prétendants et la République**, par D. ORDINAIRE.
10. **La fin des Révolutions par la République**, par H. MAZE, ancien préfet des Landes.
11. **Les Principes et les Mœurs de la République**, par Jules BARNI, député, ancien Inspecteur général de l'Instruction publique
12. **Le Suffrage universel**, par E. MILLAUD, député du Rhône.
13. **Le Maître d'École**, par E. BONNEMÈRE.

Ces publications y obtenu une médaille d'argent en 1873 de la la Société pour l'instruction élémentaire.

14. **Le Budget des monarchies et le budget de la République**, par GAILLARD, publiciste.
15-16. **Jacques Bonhomme, Histoire des Paysans français**, par J. B. JOUANCOUX (première et deuxième parties).
17. **Hoche**, par H. CARNOT, membre de l'Assemblée nationale.
18. **Franklin, sa Vie et ses Œuvres**, par L. François.
19. **La Vérité sur Sedan**, par un Officier supérieur.
20. **Ce que coûte un Empire**, par GEORGE, député des Vosges.

POUR PARAITRE INCESSAMMENT :

Invasion IV, par Pierre LEFRANC, député des Pyrénées-Orientales.
L'Appel au Peuple, par Jules BARNI, député de la Somme.
Et d'autres écrits populaires par MM. N. LÉVEN, L. RIBERT, JOIGNEAUX, MARIO PROTH, CLAMAGERAN, EDGAR QUINET, DUSOLIER E. SPULLER, LAURENT PICHAT, J. CAZOT, Fréd, MORIN, etc.

CONDITIONS DE PROPAGANDE

50 exemplaires pris ensemble........	5 fr. 50
150 — —	15 fr.

Pour renseignements, s'adresser à M. Aug. MARAIS, 161, rue Saint-Jacques.

www.ingramcontent.com/pod-product-compliance
Lightning Source LLC
Chambersburg PA
CBHW051332050726
47595CB00006B/2321